GUERRA PROLONGADA
PROTRACTED WAR

Guerra Prolongada
Protracted War

Carmen Rodríguez

Traducidos al inglés por
English translations by

Heidi Neufeld Raine
con/with Carmen Rodríguez

women's
P R E S S

INFORMACIÓN CANADIENSE DE CATÁLOGOS EN PUBLICACION
CANADIAN CATALOGUING IN PUBLICATION DATA
Rodríguez, Carmen, 1948–
Guerra prolongada = Protracted war

(Not a luxury poetry series) Poems.
Text in Spanish and English on facing pages.
ISBN 0-88961-171-8 I. Title. II. Title: Protracted war. III.
Series.
PS8585.0373G8   1992   C811'.54   C92-094132-X
PR9199.3.R637G8   1992

Editor/editora: Helen Dixon
Copy editor/corrector de manuscrito: P.K. Murphy
Cover illustration/ilustración de portada: Debra McIinnis
Cover design/diseño de portada: Maresa Massini
Photography/fotografia: Alan Creighton-Kelly

Para mayor información dirigise a:
For information address:
Women's Press, Suite 233, 517 College Street, Toronto,
Ontario, Canada M6G 4A2.

Este libro fue producido por el esfuerzo colectivo de
Women's Press.
This book was produced by the collective effort of Women's
Press.

Women's Press reconoce altamente el apoyo financiero del
Consejo Canadiense y el Consejo de Artes de Ontario.
Women's Press gratefully acknowledges the financial support
of the Canada Council and the Ontario Arts Council.

Impreso y encuadernado en Canadá
Printed and bound in Canada
1 2 3 4 5 1996 1995 1994 1993 1992

A la memoria de Pat Smith, quien, si el cielo en realidad existe, en este preciso instante debe estar con sus anteojos nuevos, sus botas negras, su cuerpecito de niña, los pelos parados, delantal verde y uñas negras de trabajadora de imprenta: andando en moto, diseñando un afiche, imprimiendo un libro, haciendo el amor con una mujer, comiendo en el restorán A-2 de la calle Powell, tomando cerveza, gritando en una protesta y jugando al bingo, todo al mismo tiempo.

To the memory of Pat Smith who, if heaven indeed exists, at this very moment, in her new glasses, her black boots, her little girl's body, printer's green apron and black fingernails, blond hair standing up, must be riding her motorbike, designing a poster, printing a book, making love with a woman, eating at the A-2 Restaurant on Powell Street, drinking beer, shouting her head off at a rally and playing bingo, all at the same time.

Prefacio de la Editora

Carmen ha hecho un libro que expresa su lucha como exiliada chilena latinoamericana mujer madre hija escritora amante... Los poemas provienen de diversos momentos y lugares, arreglados "fuera de orden." Hablan su sentido propio del tiempo y el espacio, su memoria, su lenguaje y lenguas, su identidad. En ellos, Carmen rechaza la cronología opresiva de una dictadura militar que la obligó a exiliarse, con el objetivo de romperla, deshacerla geográfica, lingüística e históricamente, y también como persona. Se rebela contra la misma lógica perpetuada por el lineaje supremacista masculino, rehusa las catgorías que construyen campos de concentración culturales y comparte un sentido de la historia que se insurrecciona contra la violencia de todo tipo de tiranía. En sus poemas, atiende a las heridas hechas por esta violencia, atiende a sus muertos y a los vivos, atestigua al futuro, celebra la vida, y reitera nuestro derecho no sólo a decir no, sino a decir sí, según nuestros propios criterios. Carmen ha hecho un libro sobre cómo se ha rehecho, y nos lo ofrece como un regalo a todos.

Helen Dixon
Vancouver
enero, 1992

Editor's Preface

Carmen has made a book which expresses her struggle as an exiled Chilean Latin American woman mother daughter writer lover... The poems here are from diverse moments and places, arranged "out of order." They speak her own sense of time and space, her memory, her language(s) and identity. Through them she rejects the oppresive chronology of a military dictatorship that forced her into exile, aiming to separate her, pull her apart geographically, linguistically, historically, and personally. She rebels against the same logic perpetuated by the male supremacist lineage, refuses categories that make cultural concentration camps and shares a sense of history that rises up against the violence of all forms of tyranny. In the poems, she attends to her dead and to the living, she attests to the future, she celebrates life, and reiterates our right not only to say no, but also to say yes, as we see fit. Carmen has made a book about how she has remade herself, and she is offering it as her gift to all of us.

Helen Dixon
Vancouver
January 1992

Introducción

Chile. La mayoría de nosotros en Norteamérica tenemos algún conocimiento sobre los conflictos internos sucedidos en Chile. Pero nuestra simpatía parece ser un sentimiento superficial cuando escuchamos directamente de las experiencias brutales y traumáticas que la gente común y corriente sufrió durante los transtornos políticos ocurridos en Chile. Estas experiencias pueden cambiar a la gente común en gente extraordinaria. Carmen Rodríguez es un ser extraordinario.

Carmen Rodríguez nació en Valdivia, en el sur de Chile. Se convirtió en miembro activo del movimiento popular y cuando la situación se tornó peligrosa, se vio en la necesidad de dejar su patria y su familia. En 1973, se trasladó a California y luego a Canadá, donde vivió durante cinco años. Dejó el Canadá para vivir en Bolivia y Argentina y volvió en 1984 para establecerse definitivamente en Vancouver.

Su singular habilidad para enfrentar situaciones difíciles con integridad y franqueza, hacen que quienes la escuchan se sientan cómodos, ya que Carmen siempre está conciente de la posibilidad de malentendidos "culturales" y dispuesta a llenar los vacíos con explicaciones inteligentes y nueva información. Carmen es una dedicada e incansable trabajadora en la comunidad latinoamericana de Vancouver. Es feminista, madre, editora y profesora. Pone su talento a disposición de la revista de mujeres latinoamericanas *Aquelarre* (que significa "conciliábulo de brujas"). Pero lo más

Introduction

Chile. Most of us in North America know something about the internal conflicts which have taken place in Chile. But empathy seems a rather shallow sentiment when one hears first hand about the reality of the brutal and traumatic experiences suffered by ordinary people during the kind of political upheavals which occurred in Chile. These experiences can change "ordinary" citizens into extra-ordinary people. Carmen Rodríguez is an extraordinary human being.

Carmen Rodríguez was born in Valdivia in the south of Chile. She became an active member of the popular movement and, when things became too threatening, was forced to leave her homeland and family. In 1973 she moved to California and subsequently to Canada where she stayed for five years. She left Canada to live in Bolivia and Argentina, returning in 1984 to make her permanent home in Vancouver.

With a rare ability to address difficult situations in the most gracious and forthright way, Carmen never allows her listeners to feel uncomfortable, always conscious of the potential for "cultural" misunderstanding and invariably ready to bridge the gaps with intelligent explanation and information. Carmen is a tireless and committed worker in the Latin American community in Vancouver. She is a feminist, a mother, an editor, a teacher. She has lent her considerable talents to publishing a bilingual Latin American women's magazine, *Aquelarre* (which means "illegal gathering of witches"). But

importante para ustedes, los lectores, es que es
escritora, poeta. Y no sólo eso. ¡También canta!
La primera vez que vi a Carmen, estaba
cantando en un beneficio. Pero no fue sino hasta
1989, cuando participó en el Festival Internacional
de Escritores de Vancouver, que llegué a darme
cuenta de su verdadero talento. La he escuchado
leer poemas de esta colección y siempre me han
emocionado.

Estos poemas son producto de un largo período
creativo. Su composición refleja estados de ánimo y
experiencias diferentes: rabia, pena, alegría,
nacimiento, creación, vida y muerte. Como
colección, consiguen festejar la vida en todas sus
manifestaciones, la misma vida que corre por las
venas de Carmen y que la hace imponente y notable
como mujer.

Alma Lee
Productora del Festival Internacional
de Escritores de Vancouver
Vancouver, abril, 1992

most important of all, for you, reader, she is a writer, a poet. And, not only that, she sings too! The first time I saw Carmen she was singing at a fundraising benefit. But, it was in 1989, when she was participating in the Vancouver International Writers Festival, that I became more aware of her true talent. I have heard her read poems from this collection and each time I have been emotionally moved.

Carmen has written these poems over a period of time. Their composition reflects many moods and experiences — anger, sadness, joy, birth, life and death. As a collection they succeed in celebrating life in all its manifestations, the very life blood that runs in Carmen's veins and makes her the impressive and remarkable woman that she is.

Alma Lee
Producer, Vancouver International
Writers Festival
Vancouver April, 1992

Los acknowledgements

Gracias: Angela Hryniuk and Penny Goldsmith for the encouragement and the contacts; Heidi for the new codes; Helen, for helping me clean up the poems; Brujas de Aquelarre, por la vida compartida. Deborah, for the cover and the Swiss chard. Alan, Carmencita, Alejandrita and Lalo, for the daily love. Carmen, Armando, Choche, Nelson y Bob, por la historia.

Indice

Contents

Su memoria

ella se desnuda en el paraíso
de su memoria
ella desconoce el feroz destino
de sus visiones
ella tiene miedo de no saber nombrar
lo que no existe

Alejandra Pizarnik

Her Memory

She undresses in the paradise
of her memory
she is ignorant of the cruel destiny
                of her visions
she's afraid of not knowing how to name
what does not exist

Alejandra Pizarnik

Destino

tiempo medido
en valijas
fotos
kilos

tiempo de escarbar
dar vuelta a la esquina
de los sueños

peligro

Destiny

time measured
in baggage
photographs
pounds

time to probe
turn the corner
of dreams

danger

Lo que no existe

quién va a pagar
los daños y perjuicios
las raíces al aire
y todos machucados

mi trabajo es caminar
caminar rápido
como si supiera adonde voy

What Does Not Exist

who'll pay for
the injury and the loss
roots in the air
and all crushed up

my job is to walk
walk briskly
as if I knew where I was going

Luces

mi cara de niña
mi cara de joven
me miran
desde las arrugas y las canas
del espejo

Lights

my child face
my young face
watch me
from the wrinkled and silver
mirror

Desnuda por ahí

casa del sur
niña
ojos rodillas
cola sedosa
niña taimada
niña que silba

casa del norte
mujer
piernas peludas
boca de fiera
ojos metidos
detrás de unos vidrios
mujer cínica
mujer dulce
escondida en caparazón
de caderas y tetas

me voy a casa

Naked Out There

southern home
little girl
eyes knees
silky tail
sulky girl
whistling girl

northern home
woman
bushy legs
a fiend's mouth
eyes kept
behind glass
cynical woman
sweet woman
hidden in the trappings
of tits and ass

I'm going home

Su memoria

hija

profesor y dueña de casa
pega de clase media
ternito y corbata
sueldo de pobre
dueña de platos sucios
ropa sucia
camas sin hacer
piso que encerar
plata que estirar

nieta

minero y lavandera
silicosis
sueldo en fichas
trece niños
nueve muertos
diarrea
hambre
pies pelados
ropa sucia
de patrones
cuellos
manteles
sábanas
canesús
volados
de patrones
tuberculosis

Her Memory

daughter

teacher and housewife
middle class job
suit and tie
poor-man's salary
housewife
married to a man
married to the dishes
dirty laundry
unmade beds
floors to wax
coins to stretch

grandaughter

miner and washerwoman
silicosis
wages paid in food stamps
thirteen children
nine dead
diarrhea
hunger
bare feet
dirty laundry
of the bosses
collars
table cloths
sheets
frills
flounces

de la abuela
limpiamente ahogada
de treintaiseis

madre

de tres
todos vivos
tres padres
muchas vidas
países
alguna lágrima
harto amor
quiebres
zanjas
maraña
trenzas gordas
risas de mañana
triple jornada
single mother
pasaportes y pañales
interrogatorios

me estiro
no alcanzo
me rompo
me extiendo
llego
dos extremos
el mismo continente
me contiene

me

of the bosses
tuberculosis
of the grandmother
washed away
at thirty-six

mother

of three
all alive
three fathers
many lives
countries
the odd tear
lots of love
fractures
ditches
tangles
fat braids
morning laughter
overwork
single mother
passports and diapers

I stretch
can't reach
I break
I spread
arrive
two extremes
the same continent
contains me

contiene

eje
ascensor
escalera
multi-casa

me define
nos define
ya no somos
los que fuimos

qué será
de los que vengan
bisnietos de minero y lavandera
nietos de profesor y dueña de casa
hijos de los tres
hijos de
hija
nieta
madre

mujer

en vías de definición
en la punta de
dos lenguas

single mother: madre sola

contains
me

axis
elevator
ladder
multi-home

we are
no longer
the ones
we were

and those
still to come
who will they be
great-great-grandchildren
of miner and washerwoman
great-grandchildren
of teacher and housewife
children of the three
children of
daughter
granddaughter
mother

woman

working towards definition
at the tip of
two tongues

Idioma original

Se interna sigilosa la sujeta
en su revés, y una ficción fabrica
cuando se sueña. Diurna, de memoria,
si narra esa película la dobla
al viejo idioma original.

Tamara Kamenszain

Original Language

The subject secretly goes
into her other side and fabricates a fiction
when she dreams herself. Diurnal, from memory,
if she tells that film she dubs it
in the old original language.

Tamara Kamenszain

Diurna

Yo iba a ser feliz
nueva versión de Cenicienta
princesa revolucionaria
Mujer Maravilla con hijos
heroína de arriba-abajo

Yo quería ser feliz
hacer del fin del cuento
vida entera
happy end eternizado
medir los días en sonrisas
las noches en saliva

Yo iba a ser feliz
repartir ejemplo como dulces
redondear al ser cuadriculado
vivir ideología
descifrar el amor

Me quedé en proyecto
borrador
esbozo
me venció el sueño
el cansancio
me atropelló la vida diaria
(la única que existe)
las pequeñas cosas nunca hechas
el volantín sin elevar
la palabra no dicha
el gesto sutil nunca captado
el susurro convertido en grito

Diurnal

I was going to be happy
Cinderella, Part Two
revolutionary princess
Wonderwoman with kids
a heroine up and down

I wanted to be happy
build a whole life on
happily-ever-after
measure days in smiles
nights in saliva

I was going to be happy
share my example like candy
round out the square
live my ideology
figure out love

I got stuck in the planning stage
first draft
sketch
beaten by sleep
fatigue
flattened by daily life
(the only one that exists)
little things never done
kite on the ground
words unsaid
dishes unwashed
subtle expression ignored
whispers turned to screams

y la mesa
vacía
al volver del trabajo

Vacía, como yo
como un vestido colgado en la azotea
como una cáscara de naranja
enrollándose a la orilla de la calle

and the table
empty
after work

Empty, like me
like a suit on a hanger
orange peels in the street

Hablo de sueños, de estrategias

Anoche Pepe soñó con su padre
tomados de la mano
recorrían nuevamente
los soleados caminos del valle del Elqui
conversando con los pisqueños
los paihuaninos
los rivadavianos
y el calor de la trabajadora mano de su padre
lo despertó
en la noche lluviosa de Vancouver

soñando manos
manos campesinas del valle
viejitas de la quebrada
recogiendo uva
haciendo dulce de descarozado
uvate
mermelada de damascos
manos de doña Nasa
amasando el pan matinal
manos de la Tota
metidas en la artesa
Jabón Gringo después del almuerzo

soñando manos
haciendo vida
historia
manos vacías enjoyadas
asesinas
suplicantes combatientes
manos trabajadoras

I Speak of Dreams, of Strategies

Last night Pepe dreamed of his father
hand in hand
they travelled the sunny roads of Elqui Valley
once again
talking to the pisqueños
the paihuaninos
the rivadavianos
and the warmth
of his father's working hand
woke him
in the Vancouver night rain

dreaming of hands
peasant hands of the valley
old women's hands
picking grapes up the creek
making peach preserves
uvate
apricot jam
doña Nasa's hands
kneading morning bread
Tota's hands
sunk in the washing trough
Gringo Soap after lunch

dreaming of hands
making up life
history
empty-jeweled
murderous
begging fighting

que sostienen
libros
niños
guitarras
sostendrán
los fusiles necesarios
para convertir nuestros países
en países de manos
orgullosas
comprometidas
socialistas

octubre, 1976

working hands
that hold
books
children
guitars
will have to hold
necessary guns
to turn our countries
into countries of
proud
committed
socialist
hands

October 1976

— *pisqueños, paihuaninos, rivadavianos*: People of Pisco
Elqui, Paihuano and Rivadavia, towns in the Elqui Valley,
Chile.

— *uvate*: Jam made with black grapes and nuts.

— *Gringo Soap*: Brand name of bar soap in Chile.

41

Sujeta

he creado un mundo para mí
cuatro pilchas viejas
unos cuantos libros
la mesa
música
un lugar ocupado por el orden
la armonía
el juego de colores y texturas
y el vino
blanco
seco
moviendo esta mano
resentida
ante la invasión autorizada de
hombre
niños
trabajo
cocina
necesarios enemigos
de esta parte mía
que goza el espacio
solitario
celular
que me he creado
aquí
dentro
esta noche fuera
dentro
mío
yo

Subject

I've created a world for myself
some old clothes
a few books
the table
music
a place occupied by order
harmony
the play of colours and textures
and dry
white
wine
moving this bitter hand
before the authorized invasion of
man
children
a job
kitchen
necessary enemies
of this part of me
that rejoices in
solitary
cellular
space
of my own making
here
inside
this night outside
inside of me
this I

Revés

Soñé que mi conciencia
era hombre
yo era
hombre
un hombre viejo
(es sólo una impresión)
ojos tristes
nariz prominente
(como mi padre)

En el sueño estaba confusa
mi conciencia
el hombre
me acariciaba y cantaba
canción de cuna

Yo estaba confusa
como cuando estoy despierta

44

Other Side

I dreamed that my conscience
was a man
I was
a man
an old man
(it's only an impression)
sad eyes
prominent nose
(like my father)

In the dream I was confused
my conscience
the man
caressed me and sang
lullabies

I was confused
like when I'm awake

Célula

desgraciadamente
no se puede tener todo lo que se quiere
dije alguna vez

ahora lo recuerdo
mientras allá afuera
cae la lluvia
y aquí dentro
me acompañan
mesas
y sillas

Cell

unfortunately
we can't have all we desire
I once said

now I remember
while outside
rain falls
and in here
keeping me company
are tables and chairs

Idioma original

Sollozos de máquina
voces
afuera
en el mundo

Yo mastico un cierto dolor

Entre mis piernas
pedazos de carne
con uñas mugrientas
pujan hacia arriba
fantasías antiguas
ya paridas
ya abortadas

Yo mastico un cierto dolor

Uñas mugrientas
negro
brillantes
rojo

Yo desangro efímeras imágenes
estertores en coro

Mi lengua
inflada a la n potencia
revienta
un líquido espeso
ahoga el esfuerzo supremo
de articular

Original Language

Machine sobbing
voices
outside
in the world

I chew over a certain pain

Old fantasies
already born
already aborted
strain upwards
between my legs
like flesh
with filthy fingernails

I chew over a certain pain

Filthy nails
black
shiny nails
red

I bleed ephimeral images
death rattle in chorus

My tongue
swollen to the nth degree
bursts
a thick fluid
drowns the supreme attempt
to articulate

ar-ti-cu-lar
un sentido

Lo he olvidado todo

Mi arma está muerta
el futuro no existe

ar-ti-cu-late
a meaning

I have forgotten all

My weapon is dead
the future does not exist

El cordón

"... cuando dos personas se juntan, si de veras están juntas, siempre se produce una profunda modificación en ambas. Algo se despierta por el sólo contacto con el otro, algo nuevo y distinto que nunca más volverá a dormirse del todo. Ya no somos los mismos después de un encuentro, nos enriquecemos, cambiamos, y es un cambio inquietante. Y cuando el otro se aleja no lamentamos tanto su ausencia como la pérdida del ser en que nos habíamos transformado nosotros a su lado."

Luisa Valenzuela

The Cord

"... when two people get together, if
they are really together, a profound
transformation affects them both.
Something new and different is awakened
by their mere contact with each other,
something that will never go away
completely. We are not the same after an
encounter, we are richer, we change, and
it is a disturbing change. And when the
other person leaves, we do not grieve her
absence as much as the loss of that being
we had become when we were with her."

Luisa Valenzuela

Mira adelante hacia el pasado y atrás hacia el futuro, hasta el silencio*

Lo había estado esperando
estaba preparada
y cuando vi su nombre en el diario
una manaña gris de domingo
una mañana post-once
gris y asfixiante
como todas la mañanas post-once
cuando vi su nombre
en un diario chico
colgado de un kiosko
en la plaza de Valdivia
el piso tambaleó
y un zumbido de colmenas
me sumió en un banco ondulante

La esperanza había hablado de clandestinidad
cordillera
goleta de pescadores saliendo a altamar

La esperanza se topó con él en la calle
un día cualquiera
escuchó su risa ancha
retornó al Pedagógico
en tiempo y espacio
huelgas de estudiantes en la calle Macul

*   De la novela *Los adivinos*, de la canadiense Margaret
    Laurence

I Look Ahead Towards the Past and Back Towards the Future, Until Silence*

I'd been expecting it
was prepared
but when I saw his name in the paper
a grey Sunday morning
a grey oppressive post-eleventh morning
like all post-eleventh mornings
when I saw his name
in a tabloid hanging
from a newstand
at the Valdivia Square
the ground wavered
and a beehive buzz
sank me into a swaying bench

Hope had spoken of the underground
mountain paths
fishing boat
sailing towards high seas

Hope bumped into him
any old day
heard his wide laughter
went back in time and space
to the Pedagógico
students' protests on Macul

---

*   From Margaret Laurence's novel *The Diviners*.

playas de Iquique donde creció
entre espuma y pescadores
aprendiendo la historia de la vida
desde mar y trabajo
arena y explotación
hambre y pies desnudos

La esperanza lo divisó en La Tirana
escondido bajo la máscara
del chino más fuerte
el indio más saltarín
el diablo más diablo
bajo el baile febril

La esperanza lo transformó
en múltiples personas
como en realidad lo era
había sido
personas cosas acciones
pescador
geografía
baile
estudiante
historiador
amistad
dirigente
camarada

La esperanza lo hacía
disfrazarse y refugiarse
esconderse y resistir
irse y volver
cambiado en la forma

Iquique beaches where he grew up
ocean frost and fishermen
learning life's history
from labour and saltwater
exploitation and white sand
bare feet and hunger

In La Tirana
hope glimpsed him
hidden behind the masks
agile indio
tireless chino
devilish diablo
dancing a feverish dance

Hope transformed him
into many
as he was
had been
people things actions
fisherman
geography
dancer
student
historian
friendship
ringleader
comrade

Hope disguised him
made him take refuge
go away and come back
his shell changed

intacto en su fondo revolucionario
volver para quedarse
en Iquique
Santiago
la playa
La Tirana
la pampa
el Pedagógico
resistiendo
organizando
riendo
bailando
conversando
haciendo el amor
durmiendo y despertando
para continuar la lucha
a toda hora
en cada minuto
mejor y más fuerte

La esperanza lo hacía crecer y quedarse
en cuerpo físico y palpable
aquí ahora y para siempre

Freddy Taberna
a ti
el del nombre rimbombante
el de la vida rimbombante
el de la risa y la acción rimbombantes
a ti
el diablo de La Tirana
el estudiante
el obrero

his revolutionary insides intact
come back to stay
in Iquique
Santiago
the beach
La Tirana
the northern desert
the Pedagógico
resisting
organizing
laughing
dancing
talking
making love
sleeping and waking again
to continue the struggle
by the hour
the minute
harder and stronger

Freddy Taberna
you with the flamboyant name
flamboyant life
flamboyant laughter
you
the Tirana devil
student
worker
fisherman
leader
each one of you, so many
they had to shoot imprisoned in Pisagua
they had to bombard

el pescador
el líder
a cada uno de los muchos tú
tuvieron que tirar en Pisagua
tuvieron que bombardearte
pisotearte
torturarte y masacrarte

tuvieron que terminar contigo
sin poder nunca terminar contigo
porque tú estas aquí y ahora
creciendo
hora a hora
minuto a minuto
germinando en nuestra furia

post-once: en referencia al 11 de septiembre de 1973, día del
golpe militar en Chile.
Pedagógico: Facultad de Filosofía y Educación de la
Universidad de Chile, en la Avenida Macul, Santiago.
La Tirana: festividad popular en honor a la Virgen de La
Tirana, en el norte de Chile. Combina tradiciones indígenas en
la forma de máscaras, disfraces y baile con simbología
cristiana.
Pisagua: campo de concentración de la dictadura chilena, en el
norte de Chile.

trample you
torture and massacre you

they had to wipe you out
without ever
finishing you
because you are here and now
growing
by the hour
the minute
germinating in our fury

post-eleventh: Referring to September 11, 1973, the day of the
military coup in Chile.
Pedagógico: The Faculty of Philosophy and Education of the
University of Chile, on Macul Avenue in Santiago.
La Tirana: A popular festivity honouring the Virgin of La
Tirana in northern Chile. It combines traditional indigenous
costumes, masks and dancing with Christian symbolism.
Pisagua: A concentration camp during the Chilean
dictatorship, in northern Chile.

Arcadia[*]

Yo no sé de qué manera caminabas por la calle
tu risa no escuché ni vi tus manos
suaves ásperas abiertas cálidas empuñadas rápidas
no sé si te gustaban las cerezas
ni que hacías por la mañana muy temprano
al despertarte
estirarte bostezar saltar de la cama
regalonear otro ratito

El día de tu muerte
no quise imaginarte ni soñarte
llegabas a mí como una ráfaga
un estruendo
un escalofrío

Yo no sé de qué manera caminabas por la calle
sólo sé que tienes forma de bandera
de camino
de estrella

[*]   Miembro del Movimiento de Resistencia Popular a la
dictadura de Augusto Pinochet, muerta en combate en
Santiago, Chile, 1979.

Arcadia[*]

I don't know how you walked when you walked
down the street
I never heard you laugh, or saw your hands
smooth tough open warm clenched fast
I don't know if you liked cherries
or what you did mornings, very early
when you woke
stretched yawned sprang from bed
lounged a moment longer

The day of your death
I didn't want to draw you, dream you
you came at me like gunfire
clamour
a chill

I don't know how you walked when you walked
down the street
only that you take the shape of a flag
a path
a star

*   Member of the Popular Resistance Movement to the
        Augusto Pinochet Dictatorship, killed in combat in
        Santiago, Chile, 1979.

Posiciones

y yo, sentada
frente a la máquina de coser
sentada
en la cama de dos plazas
con cubrecama de cretona azul

pienso en tu pelo
en tus manos
en tu chaqueta café y tu chomba amarilla

y tu sombra se precipita sobre mí
y me esconde
sutilmente
levemente me esconde
mientras pienso en tu piel y en tus dedos
aquí
sentada
un domingo cualquiera de otoño

Positions

and me, sitting
in front of the sewing machine
sitting
on the double bed
with the blue linen spread

thinking about your hair
your hands
your coffee-coloured jacked and your yellow sweater

your shadow rains over me
hides me
subtly
hides me slightly
while I think of your skin and your fingers
sitting
here
some Sunday in fall

Sol pálido

así como temo envejecer
así como temo el final definitivo
así temo tu figura
siempre difusa
siempre tras el humo de un cigarrillo
cigarrillo que irremediablemente
nunca terminas de fumar

Pale Sun

the way I'm afraid of aging
the way I'm afraid of the definitive end
is the way I'm afraid of your face
always diffuse
always behind the smoke of a cigarette
you'll never, ever
finish

Reproducciones

Ella decidió vivir por él
pero él ya no la quería
(telenovela de las dos)

La quería
pero no así
como ella decidió
       colgada de una rama
       de cara al precipicio
seguir queriéndolo a él
sí o sí
con bombo y con platillos
guaguas
aliento de león por la mañana
miedo
porotos recalentados
(vida diaria)

Seguir queriéndolo
los dos parados
en un andén
todas sus pertenencias
en un par de valijas
(compromiso político)

Ella decidió vivir por él
pero él ya no la quería
(sin música de fondo)

Entonces
ella tuvo que meterse dentro

Reproductions

She decided to live for him
but he didn't love her anymore
(two o'clock soap)

Loved her
but not the way
       hanging from a branch
       face to face with the cliff
she decided
to continue loving him:
no matter what
at full swing
with babies
lion-breath in the morning
left-over beans
(daily life)

Continue loving him
the two of them
on a platform
all their belongings
in a couple of bags
(political commitment)

She decided to live for him
but he didn't love her anymore
(no background music)

de su propia panza
para recordar otras vidas

Entonces
ella tuvo que salir
de su propia panza
(asfixia escalofrío fatiga grito)
para recordar
cómo se comienza
una nueva vida
(revolución)

So
she went inside
her belly
to remember other lives

And came out
(asphyxia shiver fatigue scream)
to remember
how to begin
new life
(revolution)

Cuerda floja[*]

Equilibrio
logrado con dolor
paz del espíritu
del corazón
del cuerpo
tejido de complicado dibujo
hilo de seda
fracción exacta
hebra milimétrica

He viajado
muchos rostros
sonidos
matices
texturas

sobrevida
un nuevo día
equilibrio
delicado
silencioso equilibrio

equilibrio de mujer
construído con paciencia
desesperación
cuidado
soledad
dignidad

[*]   Original en inglés. Traducción de la autora.

72

Tight Rope[*]

Balance
painful growth
peace of mind
heart
body
intricate weaving
fine silk thread
exact fraction
of the millifraction

I have travelled
many faces
sounds
hues
textures

survived
a new day
found
delicate
silent balance

a woman's balance
built with patience
desperation
care
loneliness
self-respect

*   Original written in English.

Soy una mujer
erguida
orgullosa
la frente ceñuda
los ojos sonrientes

Soy una mujer sola
y canto
a este segundo
de perfecto equilibrio de mujer
logrado con dolor
tejido de complicado dibujo
mientras pienso en ti

pienso en ti
un hombre

La transparencia
de un suspiro
me lanza
trastrabillando
dentro de mi propia panza
llena de pájaros

Añoro
el segundo perdido
que una vez tuve
en mis dos manos
y ahora yace
en mi pecho
roto

Now
I stand straight
proud
frown on my forehead
smile in my eyes

I am a woman
by myself
and I sing
to this second
of perfect womanly balance
painfully attained
intricately woven
while thinking of you

I think of you
a man

A transparent sigh
throws me
off
stumbling
into my
gut
full of birds

I long
for the second
I once held
in my
own hands
now in my chest
broken

en mil
pedazos

into a million
pieces

A Casa

Cuando pienso en ti
mis pechos se agrandan
y duros
te apuntan
como flechas
untadas de dulce
pegajoso
veneno

Cuando pienso en ti
olorosos
palpitantes jugos
me abren
mientras camino
con éstas
mis piernas
rozando el aire tibio
plegado y hundido
explosión en ciernes

Entonces
en la mitad de la calle
a vista y paciencia
del mundo entero
como un chocolatín relleno
te desenvuelvo
y de a poquito
te voy metiendo en mi boca
hasta alcanzar
esa punta rosada y perpleja
que corona

Going Home

When I think of you
my breasts swell
and harden
aim at you
like arrows
annointed with sweet
sticky
poison

When I think of you
fragrant
throbbing saps
open me up
while I walk
with these
my legs
grazing the tepid air
folded and sunken
explosion in bloom

Then
in the middle of the street
in sight of the whole wide world
I unwrap you
like a chocolate bar
and put you in my mouth
bit by bit
until I reach
that rosy, bewildered spot

tu arma
enarbolada

that crowns
your poised weapon

Carne tibia

Parada en la punta norte de este continente
caliente de sol y domingo
recibo tu mensaje
de mujer encontrada con su centro

Al otro extremo de esta sinuosa
rugosa masa de tierra
estas tú
tu pelo frondoso
empapado de invierno patagónico

Sola estás
pero contigo
sola estás
pero alegremente saboreando
por primera vez en tus veinte años
ese gustito a bosque
de saberte cómoda
en tu propio pellejo
de mujer suficiente
comprometida con la vida

Te miro desde acá
y te saludo
recorriendo tus ojos de cierva juguetona

El hilo de sangre que nos une
deviene río
extendido por América

Warm Flesh

Paused on the northern tip of this continent
warm with sun and Sunday
I get your message
a woman touching her centre

You are
at the other extreme of this sinuous
wrinkled mass of earth
tresses steeped in Patagonian winter

You're alone
with yourself
you're alone
but savouring
for the first time in your twenty years
this first taste of forest
seeing yourself settled
in your own skin
an independent woman
committed to life

I can see you from here
and I greet you
search your eyes of playful doe

The thread of blood that joins us
becomes a river
extending through the Americas

Shared life
reaches through

La vida diaria compartida
desborda y llueve cara abajo

Los sueños militantes
formadores de nuestra historia
de la tuya — hija
de la mía — madre
nos entrelazan sin remedio

Ya no hay cómo separarnos

Desde tu propia independencia
desde mi propia independencia
unidas estamos para siempre
por la sangre
por la vida
por este compromiso
entretejido a nuestra piel
y extendido sobre el continente todo
inspirado de aliento
hermanas

julio, 1988

overflows my face

Militant dreams
builders of history
of yours — daughter
of mine — mother
interlock us irreversibly

There is no way to separate us

From you own independence
from mine
we are united
by blood
by life
by this commitment
woven into our skin
and stretched over the whole continent
inspired with the breath
of sisters

July 1988

Muchacho chileno de familia obrera en Vancouver 1988*

Me llamo Alex
vine con mi familia
tenía ocho años
algo me acuerdo del golpe
nada claro
tiroteo en las calles
mi papá en la cárcel
y entonces el viaje

Sí, fue re-jodido
no hablaba inglés
en la casa nadie hablaba inglés
mi mamá y mi papá hacían limpieza
fue jodido
no queríamos estar aquí
queríamos estar allá
no se podía
estábamos acá
otro mundo
otro planeta

Claro
ahora ésta es mi casa
pero mi VERDADERA casa
esta ALLA
fíjense en mi mamá
por ejemplo

* Original escrito en inglés. Traducción de la autora.

Working Class Chilean Kid in Vancouver 1988[*]

My name is Alex
I came with my family
I was eight
I remember
nothing clear
shooting in the streets
my dad in jail
and then leaving home

Yeah it was hard man
didn't speak English
nobody in the family spoke English
my parents were janitors
you know
it was hard for them
we wanted to be there
couldn't
were here
a different world

yeah sure
now this is my home
but THAT's my REAL home

---

[*]   Original written in English.

trece años que ha pasado acá
y casi no habla inglés
y yo
el colegio
más aburrido que la cresta
no me fue bien
culpa mía
claro
no terminé mis estudios
ahora tengo una peguita
nada del otro mundo
pero un trabajo al fin
puedo juntar unos pesos

Yo voy a volver
hay una chispa allá
en la juventud
o sea
la juventud está peleando
en serio
están en las calles
la chispa está creciendo
no sé si me entienden

Déjenme contarles algo
la última vez que estuve allá
fui a la cárcel
vi a los presos políticos
pucha que son buena gente
tan abiertos
como una familia
se me metió una cosa en la garganta
en serio

you know
I mean
take my mom
she's been here for thirteen years man
can't hardly speak English
and me
school was boring
it was my own fault
I know
I didn't get my education
now I got a job
nothing great
but it's a job
can put some money together
you know

I'll go back
there's a spark there
in the kids
you know
the kids are fighting man
they're on the streets
the spark is growing
you know what I mean
Let me tell you something
the last time I was there
I went to the jail
saw the political prisoners
they were so friendly man
so open
like a family
I got a thing in my throat man
you know

la gente allí está luchando
veinticuatro horas diarias
cien por ciento

Eso es lo que quiero hacer yo
estar allá
cien por ciento
hay una chispa
está creciendo
Chile va a ser otra Nicaragua

Su puño izquierdo se levanta
mientras la chispa de sus ojos
crece hacia nosotros
cien por ciento
contagiosa
chispa inflamatoria
creciendo de sus ojos
a mi entraña
la chispa
arde ahora
cien por ciento
arde
cien por ciento

arde

they're struggling there man
not two hours a day no man
twenty-four hours a day
a hundred percent man

That's what I wanna do
be there
a hundred percent
there's a spark thêre
it's growing
Chile will be another Nicaragua man

His left fist goes up
as the spark in his eyes
grows towards us
combustible spark
a hundred percent
contagious
inflammatory spark
growing from his eyes
into my gut
the spark
burns now
a hundred percent
burns
a hundred percent

burns

El cordón

es el corazón
dijo
el doctor me dió píldoras
pero me dan sueño

todo el mundo
tiene que morirse de algo
dijo
yo ya he vivido mi vida
ya soy vieja
lo único que me da pena
es la pena de ustedes
si me muero
dijo

su voz clara
ten thousand miles away
a phone
and a continent
between us

entonces hablamos de otras cosas
que la señora Juana
y el señor Ramírez
que el perro tiene pichimuchi
perra de raza, el sinvergüenza
no sé de dónde salió
ella lo busca
y por ahí andan
paseando y oliéndose
dijo

The Cord

it's my heart
she said
the doctor gave me pills
but they make me sleepy

everyone
has to die of something
she said
I've lived my life
am already old
the only thing that hurts
is your pain
if I die
she said

her clear voice
ten thousand miles away
a phone
and a continent
between us

so we talk about other things
Señora Juana this
Señor Ramírez that
the dog's got a sweetheart
a pedigree, for God's sake
who knows where she came from
she follows him around
there they go
sniffing and strolling
she said

su voz clara
ten thousand miles away

hija
recuerden que los quiero mucho
dijo
al despedirse

su voz clara
ten thousand miles away
a whole continent
and a fucking telephone

between us

---

ten thousand miles away: a diez mil millas de distancia
a whole continent: todo un continente
a phone: un teléfono
a fucking telephone: un teléfono de mierda
between us: entre nosotras

her voice clear
ten thousand miles away

daughter:
remember that I love you
she said
good bye

her clear voice
ten thousand miles away
a whole continent
and a fucking telephone
between us

Guerra prolongada

Con los primeros dolores de parto,
de pronto el sol se pone pálido.
El mundo indiferente se vuelve
          extrañamente quieto.
Estoy sola.
Es que sola estoy.

Yosano Akiko

Protracted War

With the first labour pains,
suddenly the sun goes pale.
The indifferent world goes
　　　　strangely calm.
I am alone.
It is alone I am.

Yosano Akiko

Meditación en el umbral

por Rosario Castellanos

No, no es la solución
tirarse bajo un tren como la Ana de Tolstoi
ni apurar el arsénico de Madame Bovary
ni aguardar en los páramos de Avila la visita
del ángel con venablo
antes de liarse el manto a la cabeza
y comenzar a actuar.

Ni concluir las leyes geométricas, contando
las vigas de la celda de castigo
como lo hizo sor Juana. No es la solución
escribir, mientras llegan las visitas,
en la sala de estar de la familia Austen
ni encerrarse en el ático
de alguna residencia de la Nueva Inglaterra
y soñar, con la Biblia de los Dickinson,
debajo de la almohada de soltera.

Debe haber otro modo que no se llame Safo
ni Messalina ni María Egipciaca
ni Magdalena ni Clemencia Isaura.

Otro modo de ser humano y libre.

Otro modo de ser.

Eco Rosario, en la página siguiente, es una contestación a este poema de Rosario Castellanos. Rosario nació en México en 1925. Luego de alcanzar reconocimiento como escritora, se desempeñó como embajadora mejicana en Tel Aviv, donde se electrocutó accidentalmente en 1974.

Meditation on the Threshold

by Rosario Castellanos

No, throwing yourself under a train like
Tolstoy's Anna
is not the answer,
nor hastening Madame Bovary's arsenic
nor waiting for the angel with the javelin
to reach the parapets of Avila
before you tie the kerchief to your head
and begin to act.
Nor intuiting the laws of geometry,
counting the beams in your cell
like Sor Juana. The answer is not
to write while visitors arrive
in the Austen living room
nor to lock yourself in the attic
of some New England house
and dream, the Dickinson family Bible
beneath your spinster's pillow.

There must be some other way whose name is
not Sappho
or Mesalina or Mary of Egypt
or Magdalene or Clemencia Isaura—

Another way of being free and human.
Another way of being.

Translated by Magda Bogin in *The Selected Poems of Rosario
Castellanos*, Eds. Cecilia Vicuña and Magda Bogin.
Echo Rosario, on the following page, is an answer to this poem by
Rosario Castellanos. Rosario was born in Mexico in1925. After
becoming a renowned writer, she served as Mexico's Ambassador to Tel
Aviv, where she accidentally electrocuted herself in 1974.

Eco Rosario

La solución
no es la solución
Rosario Electrocutada
la solución
la no Ana
  no Sor Juana
  no Dickinson
  no Alfonsina
(debo agregar)
siguen siendo
Rosario Mejicana
la no solución

Y la solución
hombre sí
trabajo sí
revolución sí
poesía sí
todo   sí
la vida a todo grito
    sí
este otro modo de ser
humana y libre
Rosario Embajadora
me deja aún perpleja
invadida
me deja
solitaria me deja
este modo de ser
sin precedente conocido
furiosa me deja

Echo Rosario

The solution
is not the solution
Electrocuted Rosario
the solution
of   non Ana
      non Sor Juana
      non Dickinson
non Alfonsina
(I have to add)
continues to be
Mexican Rosario
a nonsolution

And
the solution
a man   yes
kids   yes
work   yes
revolution yes
poetry   yes
everything yes
life screaming life
            yes
this other way of being
human woman and free
this unprecedented way of being,
Ambassador Rosario
still leaves me perplexed
invaded
lonely

Querida Rosario
poeta
novelista
recia
(según tus editores)
frágil
(porque yo sé más)
Eco Rosario

leaves me furious
Dear Rosario
poet
novelist
strong
(according to your publishers)
fragile
(because I know better)
Echo Rosario

Estoy sola es que sola estoy

Urgencia
sentarse frente a un papel en blanco
urgencia
traducir a través de un lápiz
el rincón último
ése que es mío y no comparto
interior-interior que no regalo

no importa cuántos allanamientos
interrogatorios
milicos o dinos
no-milicos
no-dinos
quieran hurguetearme
manosearme
pisotearme
esa pulpa
íntimo pedazo
sigue siendo mío

Pero quiero dar
quiero regalar
me quiero construir ventanas y puertas
no para los que preguntan
los que ponen condiciones

Quiero abrirme
para los que miren y se vayan
para los que miren y se queden
para los que miren y toquen
sin destruir

I Am Alone, It Is Alone I Am

Urgency
sitting before blank paper
urgency
translating through ink
my deepest corner
indivisibly mine
inner-inner space I keep to myself

and no matter how many
raids
interrogations
cops
spies
non-cops
non-spies
want to poke at me
feel me up
trample me
this core
piece of intimacy
continues to be mine

But I do want to give
to offer up
I want to open my windows and doors
not for those who ask
or impose

I want to open up
for those who will look and leave
look and stay

sin violar
para los que huelan y escuchen
sin espanto
sin angustia
para los que miren y se queden
incluso
cuando yo cierre
mis ventanas y puertas

dino: miembro de la DINA, policía secreta de Augusto
Pinochet

look and touch
without destroying
without raping
for those who will smell and listen
without horror
or anguish
for those who will look and stay
even after
I close
the windows and doors

Guerra prolongada

Se prohibe sacar cualquier cosa de su lugar
se prohibe abrir o cerrar una cortina
se prohibe tocar ese espeso polvo
que poco a poco
se acumula en superficies
y rincones
cual mullida alfombra oriental

se prohibe botar la basura
se prohibe tirar la cadena

TODO debe permanecer intacto
en esta guarida
único refugio
ante el asalto inusitado
de la VIDA que avanza
presuntuosa

mantener la calma
mantener la cordura
respirar profundamente
afilar estas uñas de pianista
fortalecer las mandíbulas
practicar el arme y desarme
a ojos cerrados

llegado el momento
ansiosamente esperado
des-esperado
me defenderé a brazo partido
opondré este cuerpo de mujer en celo

Protracted War

Do not move anything out of place
do not open or close a blind
do not touch that thick layer of dust
that accumulates
little by little
on surfaces
and corners
luxurious
as a deep Asian rug

do not throw out the garbage
do not flush the toilet

EVERYTHING must remain intact
in this den
only refuge
from the sudden attack
of LIFE, advancing
presumptuosly

keep calm
stay sane
breathe deeply
file those pianist's nails
strengthen that jaw
practise arming
disarming
eyes closed

y cuales bombas de tiempo
lanzaré al mundo
tampones chorreando sangre y útero
hasta la victoria final

when the moment comes
anxiously awaited
desperately wanted
I'll defend myself with these arms
resist
with this body of a woman in heat
and throw at the world
time-bomb tampons
blood and womb
until final victory

ALAN CREIGHTON-KELLY

CARMEN RODRÍGUEZ nació en Valdivia, Chile, en 1948.
Desde el golpe de estado de 1973, que la llevó al exilio, ha
vivido en Estados Unidos, Bolivia, Argentina y Canadá. Su
poesía, cuentos y artículos han sido publicados en *Revista
Paula*, *Revista Aquelarre*, *Capilano Review*, *Fireweed*,
Norte-Sur y *Prison Journal*. Además de escritora, Carmen es
Consultora de Alfabetización de Adultos, Profesora en la
Facultad de Educación de la Universidad Simon Fraser y
miembro del Colectivo Aquelarre.

CARMEN RODRÍGUEZ was born in Valdivia, Chile, in 1948.
Since being forced into exile by the 1973 coup, she has lived
in the United States, Bolivia, Argentina, and Canada. Her
poetry, short stories, and articles have been published in
Paula Magazine, *Aquelarre Magazine*, *Capilano Review*,
Fireweed, *Norte-Sur*, and *Prison Journal*. As well as a writer,
Carmen is an Adult Literacy Consultant, teaches in the
Faculty of Education at Simon Fraser University, and is a
member of the Aquelarre Collective.